THE RUNAWAY PIGGY
EL COCHINITO FUGITIVO

By / Por
James Luna

Illustrations by / Ilustraciones de
Laura Lacámara

Spanish translation by / Traducción al español de
Carolina Villarroel

PIÑATA BOOKS

Piñata Books
Arte Público Press
Houston, Texas

Publication of *The Runaway Piggy* is funded by grants from the City of Houston through the Houston Arts Alliance, the Clayton Fund, and the Exemplar Program, a program of Americans for the Arts in collaboration with the LarsonAllen Public Services Group, with funding from the Ford Foundation. We are grateful for their support.

Esta edición de *El cochinito fugitivo* ha sido subvencionada por la Ciudad de Houston por medio del Houston Arts Alliance, el Fondo Clayton y el Exemplar Program, un programa de Americans for the Arts en colaboración con LarsonAllen Public Services Group, con fondos de la Fundación Ford. Les agradecemos su apoyo.

Piñata Books are full of surprises!
¡Piñata Books están llenos de sorpresas!

Piñata Books
An Imprint of Arte Público Press
University of Houston
4902 Gulf Fwy, Bldg 19, Rm 100
Houston, Texas 77204-2004

Cover design by Bryan Dechter

Luna, James.
The Runaway Piggy / by James Luna; illustrations by Laura Lacámara; Spanish translation, Carolina Villarroel = El cochinito fugitivo / por James Luna; Ilustraciones de Laura Lacámara; Traducción al español de Carolina Villarroel.
      p.   cm.
Summary: A Mexican piggy cookie escapes from the bakery before it can be eaten and eludes an ever-growing line of people pursuing it. Includes recipe for piggy cookies.
   ISBN 978-1-55885-586-1 (alk. paper)
   [1. Folklore. 2. Spanish language materials—Bilingual.] I. Lacámara, Laura, ill. II. Villarroel, Carolina. III. Gingerbread boy. Spanish & English. IV. Title. V. Title: Cochinito fugitivo.
PZ74.1L8 2010
398.2—dc22
[E]
                                                                    2009053971
                                                                    CIP

♾ The paper used in this publication meets the requirements of the American National Standard for Permanence of Paper for Printed Library Materials Z39.48-1984.

Printed in China in January 2012–March 2012 by Creative Printing USA Inc.
12 11 10 9 8 7 6 5 4 3 2

To you, the reader holding this book. May this story leave
a yummy taste in your mouth. Enjoy!
—JL

To my husband, Hal, who encouraged me and
believed in me from the start.
—LL

Para ti, el lector de este libro, esperando que esta historia
te deje un buen sabor en la boca. ¡Buen provecho!
—JL

Para mi esposo, Hal, quien me alentó
y creyó en mí desde el principio.
—LL

The morning sun shone through the windows of Marta's Panadería onto the shelves of fresh bread. *Conchas, orejas, cuernos* and *empanadas,* warm and fresh, waited for hungry customers.

Marta went to her oven to get the last batch of bread for the day: piggy cookies. She pulled the tray out of the oven and checked the piggies. Brown and soft, the *cochinitos* looked perfect.

As Marta put the tray down to cool, one piggy jumped off the counter and onto the floor.

El sol de la mañana brilló a través de las ventanas de la panadería de Marta y sobre los estantes de pan fresco. Las conchas, las orejas, los cuernos y las empanadas, calientitos y frescos, esperaban a los hambrientos clientes.

Marta fue al horno a sacar la última tanda de pan: galletas de cochinito. Sacó la bandeja del horno y revisó los cochinitos. Los cochinitos se veían perfectos: cafecitos y suaves.

Mientras Marta ponía la bandeja a enfriar, un cochinito saltó del mesón al suelo.

Marta pointed to the tray and scolded the piggy, "Get back up there with your brothers!"

Piggy shook his stubby brown tail and sang, "Chase me! Chase me down the street! This is one piggy you won't get to eat!"

Marta apuntó a la bandeja y regañó al cochinito —¡Vuelve allá arriba con tus hermanos!

Cochinito movió su colita café y cortita y cantó —¡Córrele, córrele! ¡Y córrele más! ¡Soy el cochinito que jamás comerás!

Piggy ran out of the bakery and down the sidewalk with Marta following behind.

When he passed Lorenzo's Auto Shop, Lorenzo called, "Careful, Piggy, what's the rush? I have some coffee that you'd love."

Piggy laughed, shook his stubby brown tail and sang, "Chase me! Chase me down the street! But this is one piggy you won't get to eat! I ran away from Marta and I'll run away from you!"

Cochinito corrió fuera de la panadería y calle abajo mientras Marta lo perseguía.

Cuando pasó el taller mecánico de Lorenzo, Lorenzo le gritó —Cuidado, Cochinito, ¿cuál es el apuro? Tengo un cafecito que te va a encantar.

Cochinito se rio, movió su colita café y cortita y cantó —¡Córrele, córrele! ¡Y córrele más! ¡Soy el cochinito que jamás comerás! Escapé de Marta y ¡escaparé de ti!

Piggy ran through the
auto shop and under the old
cars, with Lorenzo and Marta
chasing him. He ran and ran
until he got to Mamá Nita's
Beauty Salon.

"Wait, Piggy," Mamá Nita said. "If
you come in, I can disguise you so no
one will find you."

But Piggy saw the coffee Mamá Nita was
brewing. He laughed, shook his stubby brown
tail and sang, "Chase me! Chase me down the
street! But this is one piggy you won't get to eat!! I
ran away from Marta and Lorenzo, and I'll run away
from you!"

Cochinito corrió por el taller mecánico y bajo los viejos carros
mientras Lorenzo y Marta lo perseguían. Corrió y corrió hasta que
llegó al salón de belleza de Mamá Nita.

—Espera, Cochinito —dijo Mamá Nita—. Si entras te puedo
disfrazar para que nadie te reconozca.

Pero Cochinito vio el café que Mamá Nita estaba preparando. Se
rio, movió su colita café y cortita y cantó —¡Córrele, córrele! ¡Y
córrele más! ¡Soy el cochinito que jamás comerás! Escapé de Marta
y Lorenzo y ¡escaparé de ti!

Piggy jumped on each chair of the salon and ran out with Mamá Nita, Lorenzo and Marta following him. At the corner, Piggy saw Joaquín, the telephone repairman, by his truck.

"Slow down, Piggy. Why don't you hide here?" Joaquín said opening his lunch box.

Piggy laughed, shook his stubby brown tail and sang, "Chase me! Chase me down the street! But this is one piggy you won't get to eat! I ran away from Marta, Lorenzo and Mamá Nita, and I'll run away from you!"

Cochinito saltó por cada silla del salón y corrió hacia afuera mientras Mamá Nita, Lorenzo y Marta lo perseguían. En la esquina, Cochinito vio a Joaquín, el técnico de los teléfonos, parado al lado de su camioneta.

—Cuidado, Cochinito. ¿Por qué no te escondes aquí? —preguntó Joaquín y abrió su lonchera.

Cochinito se rio, movió su colita café y cortita y cantó —¡Córrele y córrele! ¡Y córrele más! ¡Soy el cochinito que jamás comerás! Escapé de Marta, Lorenzo y Mamá Nita y ¡escaparé de ti!

Piggy kicked Joaquín's lunch box into the street and ran away with Joaquín, Mamá Nita, Lorenzo and Marta chasing him.

Ernie was sitting outside his music store playing his guitar when Piggy ran up.

"Hey, Piggy, want to hear a song?" Ernie asked.

Piggy laughed, shook his stubby brown tail and sang, "Chase me! Chase me down the street! But this is one piggy you won't get to eat! I ran away from Marta, Lorenzo, Mamá Nita and Joaquín, and I'll run away from you!"

Cochinito pateó la lonchera de Joaquín hacia la calle y corrió mientras Joaquín, Mamá Nita, Lorenzo y Marta lo persiguían.

Ernie estaba sentado afuera de su tienda de música tocando su guitarra cuando Cochinito pasó corriendo.

—Oye, Cochinito, ¿quieres escuchar una canción? —preguntó Ernie.

Cochinito se rio, movió su colita café y cortita y cantó —¡Córrele y córrele! ¡Y córrele más! ¡Soy el cochinito que jamás comerás! Escapé de Marta, Lorenzo, Mamá Nita y Joaquín y ¡escaparé de ti!

Piggy turned the corner and ran between two large buckets filled with carnations.

"Piggy!" Leti called. "Come hide in my flower shop behind the roses."

Piggy wrinkled his nose, laughed, shook his stubby brown tail and sang, "Chase me! Chase me down the street! But this is one piggy you won't get to eat! I ran away from Marta, Lorenzo, Mamá Nita, Joaquín and Ernie, and I'll run away from you!"

Cochinito dobló la esquina y corrió entre dos grandes baldes llenos de claveles.

—¡Cochinito! —lo llamó Leti. —Ven a esconderte en mi florería detrás de las rosas.

Cochinito arrugó la nariz, se rio, movió su colita café y cortita y cantó —¡Córrele y córrele! ¡Y córrele más! ¡Soy el cochinito que jamás comerás! Escapé de Marta, Lorenzo, Mamá Nita, Joaquín y Ernie y ¡escaparé de ti!

A city bus pulled up next to Piggy. Isabel, the driver, opened the door.

"Get in, Piggy! I'll take you anywhere. No charge."

Piggy saw the coffee mug in the cup holder. He laughed, shook his stubby brown tail and sang, "Chase me! Chase me down the street! But this is one piggy you won't get to eat! I've run away from the others and I'll run away from you!"

❦

Un autobús urbano paró al lado de Cochinito. Isabel, la conductora, abrió la puerta.

—¡Súbete, Cochinito! Te llevaré a donde quieras. Gratis.

Cochinito vio la taza de café en el portavasos. Se rio, movió su colita café y cortita y cantó —¡Córrele y córrele! ¡Y córrele más! ¡Soy el cochinito que jamás comerás! Escapé de todos los otros y ¡escaparé de ti!

Piggy turned another corner and bumped into an old desk in the middle of the sidewalk. Juana was getting her thrift store ready for the day.

"Why are you running, Piggy?" Juana asked. Then she saw the crowd and nodded. "Hey, why not stop here? No one will see you in this old tea pot." She lifted the lid.

Piggy saw the steam rise and laughed, shook his stubby brown tail and sang, "Chase me! Chase me down the street! But this is one piggy you won't get to eat! I ran away from the others and I'll run away from you!"

Cochinito dobló otra esquina y chocó contra un viejo escritorio en medio de la vereda. Juana estaba preparando su tienda de segunda mano para el día.

—¿Por qué corres, Cochinito? —preguntó Juana. Entonces vio a la multitud y entendió—. ¿Oye, por qué no paras aquí? Nadie te verá en esta vieja tetera. —Juana abrió la tapa.

Cochinito vio salir el vapor y se rio, movió su colita café y cortita y cantó —¡Córrele y córrele! ¡Y córrele más! ¡Soy el cochinito que jamás comerás! Escapé de los otros y ¡escaparé de ti!

Piggy turned another corner with the whole neighborhood chasing him.

Piggy got to the last corner of the street. His only hope was to cross, but he was afraid of the cars. A little girl named Rosa walked up and asked, "Where are you going, Piggy?"

"I got away from Marta. I got away from Lorenzo and Mamá Nita. I got away from Joaquín and Ernie. I got away from Leti, Isabel and Juana, and I can get away from you!" said Piggy, out of breath.

"I'm not chasing you. I'm just crossing the street to go to school."

"You know how to cross the street?" Piggy asked. "Can you teach me how?"

❧

Cochinito dobló otra esquina mientras todo el barrio lo perseguía.

Cochinito llegó a la última esquina. Su única esperanza era cruzar la calle, pero lo asustaban los carros. Una pequeña niña llamada Rosa caminó hacia él y le preguntó: —¿Adónde vas, Cochinito?

—Escapé de Marta. Escapé de Lorenzo y Mamá Nita. Escapé de Joaquín y de Ernie. Escapé de Leti, Isabel y Juana, y ¡escaparé también de ti! —dijo Cochinito, casi sin aliento.

—Yo no te estoy persiguiendo. Sólo estoy cruzando la calle para ir a la escuela.

—¿Sabes cómo cruzar la calle? —preguntó Cochinito. —¿Me puedes enseñar?

Rosa smiled at Piggy and said, "Oh, you're too small. The cars might hit you. You better let me carry you."

"You're lying. You just want to eat me," Piggy said.

Rosa crossed her arms. "I NEVER lie. But I don't care if you don't believe me. I have to cross or else I'm going to be late for school."

The light turned green, and Rosa took a step off the sidewalk. Piggy looked back and saw everyone coming after him.

"Wait!" he called. "Please carry me across."

"Ay! I better not be late," Rosa scolded, as she returned to pick up Piggy. "Come on. Jump in my backpack, or they're going to see you."

Rosa le sonrió y dijo —Ay, eres chiquitito. Los carros pueden arrollarte. Mejor déjame cargarte.

—Mientes. Quieres comerme —dijo Cochinito.

Rosa cruzó los brazos. —Yo NUNCA miento. Pero no importa si no me crees. Tengo que cruzar la calle o llegaré tarde a la escuela.

La luz cambió a verde y Rosa avanzó un paso hacia la calle. Cochinito miró hacia atrás y los vio a todos corriendo hacia él.

—¡Espera! —gritó. —Por favor cárgame al otro lado.

—¡Ay! Vale más que no se me haga tarde —regañó Rosa mientras volvía a recoger a Cochinito—. Ven. Salta adentro de mi mochila o te van a ver.

Piggy laughed inside the backpack, "Ha! I knew they were too slow. They couldn't catch me!" He relaxed and fell asleep after his long run.

Piggy woke up when Rosa opened her backpack. He heard her talking.

Cochinito se rio adentro de la mochila. —¡Ja! Sabía que eran muy lentos. ¡No pudieron atraparme! —Se relajó y se quedó dormido después de su larga carrera.

Cochinito despertó cuando Rosa abrió su mochila. La escuchó hablando.

"Sorry I'm late, Miss Carranza," Rosa said. "I brought you a fresh piggy cookie from my mom's bakery."

❧⁓⁓❧

—Disculpe que llegué tarde, Señorita Carranza —dijo Rosa. —Le traje una galleta de cochinito fresquita de la panadería de mi mamá.

Piggy Cookies

INGREDIENTS:

½ cup butter or margarine
¾ cup dark brown sugar
1 egg
2 teaspoons vanilla
3 tablespoons brewed coffee
3 ½ cups unbleached all-purpose flour
1 teaspoon salt
½ teaspoon ground ginger
1 teaspoon cinnamon
1 ½ teaspoons baking soda
¾ cup molasses
1 egg beaten with 2 teaspoons water, and sugar for glaze

INSTRUCTIONS:

- Preheat the oven to 375°.

- Beat the butter in a mixing bowl until fluffy. Add egg, brown sugar, vanilla and coffee.

- In a separate cup, stir the baking soda into the molasses.

- Beat the molasses/baking soda into the sugar mixture.

- Sift together the flour, salt, ginger and cinnamon until well blended.

- Add the flour mixture, a little at a time, to the sugar/molasses mix until the dough is well blended.

- Divide dough in half, flatten into a disk and wrap in plastic wrap.

- Chill for at least 2 hours to make the dough easier to handle.

- Roll dough out to ½ inch thickness.

- Prepare cookie cutters by flouring or spraying with cooking spray. Cut cookies and place on cookie sheet sprayed with cooking spray.

- Roll up left over dough and put in refrigerator to keep chilled.

- Brush cookies with egg/water mixture. Sprinkle with sugar.

- Bake cookies for 9-12 minutes. Cookies are done when soft to the touch. These are soft, not hard cookies.

- Cool 1 minute on cookie sheet, and place on baking rack until cool to the touch.

- Place in airtight container.

Galletas de cochinito

INGREDIENTES:

½ taza de mantequilla o margarina
¾ taza de azúcar morena
1 huevo
2 cucharaditas de vainilla
3 cucharadas de café recién hecho
3 ½ tazas de harina para hornear
1 cucharadita de sal
½ cucharadita de jengibre molido
1 cucharadita de canela
1 ½ cucharaditas de bicarbonato de sodio
¾ taza de melaza
1 huevo batido con 2 cucharaditas de agua y azúcar para el glaseado.

INSTRUCCIONES:

- Precaliente el horno a 375°.
- Bata la mantequilla en un tazón para mezclar hasta que quede esponjosa. Agregue el huevo, el azúcar morena, la vainilla y el café.
- En una taza aparte, eche el bicarbonato sobre la melaza.
- Bata la melaza/bicarbonato en la mezcla del azúcar.
- Cierne la harina, la sal, el jengibre y la canela hasta que estén bien mezcladas.
- Agregue la mezcla de harina, poco a poco, a la mezcla de melaza y azúcar hasta que la masa esté bien mezclada.
- Divida la masa por la mitad, aplástela en forma de disco y envuélvala en plástico.
- Deje enfriar por al menos 2 horas para hacer la masa más manejable.
- Amase con un palote hasta lograr un grosor de media pulgada.
- Prepare los moldes para galletas espolvoreándolos con harina o con spray de cocinar. Corte las galletas y póngalas en una bandeja de galletas preparadas con el aceite.
- Amase con el palote el resto de la masa y póngala en el refrigerador para mantenerla fría.
- Con una brocha aplique a las galletas la mezcla de huevos y agua. Espolvoree con azúcar.
- Hornee las galletas por 9-12 minutos. Las galletas estarán listas cuando se sientan suaves al tacto. Éstas son galletas suaves, no duras.
- Enfríe las galletas por un minuto en la bandeja y póngalas en una rejilla de cocina hasta que estén frías al tacto.
- Almacene en un frasco al vacío.

James Luna eats cookies with his wife and three kids in Riverside, California. When he isn't eating cookies, he writes and bakes. When he isn't doing any of those activities, he's a teacher at Madison Elementary School in Riverside, California.

James Luna come galletas con su esposa y tres hijos en Riverside, California. Cuando no está comiendo galletas, escribe y hornea. Cuando no está haciendo ninguna de esas actividades, es maestro en la escuela primaria Madison en Riverside, California.

Laura Lacámara is a Cuban American artist and author. She wrote *Floating on Mama's Song / Flotando en la canción de mamá*, a picture book illustrated by Yuyi Morales and published by HarperCollins in 2010. Inspired by printmaking and painting workshops at Self Help Graphics in East Los Angeles, Laura began exhibiting and selling her art. *The Runaway Piggy / El cochinito fugitivo* is the first picture book she has illustrated. Laura lives in Venice, California, with her husband, Hal Bogotch, and their daughter, Annalisa. To learn more about Laura visit *www.LauraLacamara.com*.

Laura Lacámara es una artista y autora cubano-americana. Escribió *Floating on Mama's Song / Flotando en la canción de mamá*, un libro infantil ilustrado por Yuyi Morales y publicado por HarperCollins en 2010. Laura se inspiró en los talleres de grabado y pintura de Self Help Graphics en East Los Ángeles y empezó a exhibir y vender su arte. *The Runaway Piggy / El cochinito fugitivo* es el primer libro infantil que ilustra. Laura vive en Venice, California, con su esposo, Hal Bogotch, y su hija, Annalisa. Para saber más sobre Laura visita *www.LauraLacamara.com*.